孔子学院总部/国家汉办
Confucius Institute Headquarters(Hanban)

好朋友 Friends 汉语分级读物 Chinese Graded Readers

For Kids and Teenagers

Level 5
五级

Thanksgiving Day Parade

感恩节游行

孔子学院总部 / 国家汉办 编

北京语言大学出版社
BEIJING LANGUAGE AND CULTURE UNIVERSITY PRESS

图书在版编目（CIP）数据

感恩节游行 / 孔子学院总部 / 国家汉办编 .—北京：北京语言大学出版社，2015.2（2022.7 重印）
（好朋友：汉语分级读物 . 五级）
ISBN 978-7-5619-4127-0

Ⅰ . ①感… Ⅱ . ①孔… Ⅲ . ①汉语—对外汉语教学—语言读物 Ⅳ . ① H195.5

中国版本图书馆 CIP 数据核字（2015）第 034229 号

书　　名： 感恩节游行
GAN'EN JIE YOUXING
责任印制： 周　燚　　**练习编写：** 倪佳倩
英文翻译： 孙齐圣　　**插图绘制：** 孙　屹

出版发行： 北京语言大学出版社
社　　址： 北京市海淀区学院路 15 号　　**邮政编码：** 100083
网　　址： www.blcup.com
电　　话： 发行部　82303650 / 3591 / 3651
编辑部　82301016
读者服务部　82303653
网上订购电话　82303908
客户服务信箱　service@blcup.com
印　　刷： 北京印迪数码科技有限公司
经　　销： 全国新华书店

版　　次： 2015 年 3 月第 1 版　　2022 年 7 月第 4 次印刷
开　　本： 710 毫米 × 1000 毫米　1/16　　**印张：** 3.75
字　　数： 25 千字
书　　号： ISBN 978-7-5619-4127-0 / H · 15015
03900

致读者
To Our Readers

亲爱的朋友：

你好！

“好朋友——汉语分级读物”是我们为广大汉语学习者奉上的一份礼物，在这里，你可以用汉语读到自己熟悉的文化，你可以根据自己的汉语水平选择难度级别合适的读物，你还可以随时随地听读这些故事，汉语学习在这里变得亲切、简单、有效。

多元文化：这套读物的原始素材主要来自国家汉办举办的首届“孔子学院杯”国际汉语教学写作大赛的获奖作品，我们挑选了来自40个国家的作品，当你读到自己熟悉的文化，是不是觉得更加亲切呢？除此之外，你还可以用汉语了解其他39个国家的见闻，这是多么有意思的事情啊！

分级阅读：这套读物共6个级别，语言难度和词汇量分别对应新汉语水平考试（新HSK）1–6级。你可以根据自己的汉语水平选择难度级别合适的读物。

随时听读：这套读物配有可供免费下载的音频文件，让你有效利用碎片时间，随时随地听读有趣的故事，让阅读的乐趣无处不在。

感谢孔子学院总部暨国家汉办的大力支持和帮助，使得这套读物顺利出版。

编者

Dear friends,

Friends—Chinese Graded Readers is a gift for Chinese learners, where you can read familiar culture in Chinese, choose the appropriate reading materials of different levels according to your language proficiency, and listen to and read these stories anytime and anywhere. In these books, learning Chinese becomes habitual, simple, and effective.

Multicultural: The raw materials of these readers mainly come from the award-winning works in the First "Confucius Institute Cup" International Chinese Language Teaching and Writing Contest held by Hanban. Works from 40 countries are included in these books. Won't you have a more cordial feeling when reading about the culture you are familiar with? In addition, you can read about the experiences in 39 other countries in Chinese, which will also be a fun learning experience.

Graded Reading: The series of readers consists of six levels with their grammar and vocabulary corresponding to Levels 1–6 in the New HSK Syllabus. You can choose books of a certain degree of difficulty according to your own level of Chinese proficiency.

Listen and Read Anytime: Each reader is supported by online audio files for free downloading, enabling readers to make use of fragments of time to listen to and read interesting stories, thus making the fun of reading everywhere.

We hereby would like to extend our gratitude to the Confucius Institute Headquarters (Hanban) for the great support and help we are given to successfully publish this series of readers.

The Compilers

语法术语缩略形式表
Abbreviations for Grammatical Terms

英文缩写 Abbreviations	英文全称 Grammatical Terms in English	中文名称 Grammatical Terms in Chinese
n.	noun	名词
p.n.	proper noun	专有名词
v.	verb	动词
adj.	adjective	形容词
num.	numeral	数词
m.	measure word	量词
pron.	pronoun	代词
adv.	adverb	副词
prep.	preposition	介词
conj.	conjunction	连词
part.	particle	助词
int.	interjection	叹词
ono.	onomatopoeic word	拟声词

目录
Contents

我要学习中国诗歌[1]
I Want to Learn Chinese Poetry

Luneva Polina　俄罗斯新西伯利亚国立技术大学孔子学院

“我”想读什么样的中国诗?
What kind of Chinese poem do “I” want to read?

01

有一天我们上课，课文里有一首[2]李白[3]的诗。看到这首诗，我觉得很有意思——每句的字数一样多，读起来很好听，比对话好听多了！我一下子就喜欢上了中国诗歌。

可是我完全不明白这首诗是什么意思，老师就给我们解释，诗的意思是：春天快要结束了，伤心的小鸟在唱着“回来吧、回来吧”，李白的朋友要到很远的

1. 诗歌 shīgē n. poetry
   诗 shī n. poem
2. 首 shǒu m. *used for poems and songs*
3. 李白 Lǐ Bái p.n. Li Bai, a Tang Dynasty poet

地方去了，那里的环境不好，李白很担心他。于是李白就想把自己关心朋友、想念朋友的心，变成天上的月亮。这样朋友无论走到哪里，只要看见月亮，就看到李白对他的关心和思念了。这样，朋友一个人在很远的地方，也不会感到寂寞了！

听了老师的解释，我更喜欢

中国诗歌了。我觉得中国诗歌不仅读起来好听，意思也很好。等我的汉语水平提高了，我要看更多的中国诗歌，我不但要读关于友谊的诗，还要读关于爱情的诗！

注：文中提到的李白的诗是《闻王昌龄左迁龙标遥有此寄》，全文如下：“杨花落尽子规啼，闻道龙标过五溪。我寄愁心与明月，随君直到夜郎西。”

练习 Exercises

一、选出正确答案。Choose the right answer.

春天快要__1__了，__2__的小鸟在唱着“回来吧、回来吧”，李白的朋友要到很远的地方去了。李白很__3__他的朋友，想把自己__4__朋友、想念朋友的心，__5__天上的月亮。

1. A. 结果　B. 结束　C. 完　D. 完成
2. A. 害怕　B. 伤心　C. 伤害　D. 失望
3. A. 爱护　B. 当心　C. 放心　D. 担心
4. A. 关心　B. 爱惜　C. 珍惜　D. 宝贵
5. A. 转变　B. 变成　C. 变化　D. 改变

二、选出正确答案。Choose the right answer.

1. “我”是怎么知道中国的诗歌的？（　　）
   A. 朋友介绍的　B. 课文里读到的
   C. 报纸上读到的　D. 电影里看到的
2. “我”第一次读到的是谁的诗？（　　）
   A. 杜甫　B. 老师　C. 李白　D. 不知道
3. 这首诗写的什么内容？（　　）
   A. 想念爱人　B. 想念家乡
   C. 想念家人　D. 想念朋友

4. 下面哪项不是“我”喜欢中国诗歌的原因？（　　）

A. 内容很简单　　B. 好听

C. 意思很好　　D. 每句字数一样

5. 除了关于友谊的诗，“我”还想读什么诗？（　　）

A. 爱情诗　　B. 政治诗

C. 历史诗　　D. 风景诗

三、介绍一首你喜欢的诗歌。

Introduce a poem you like.

我和中国

China and I

Catarina Castellano　巴西圣保罗州立大学孔子学院

"我"为什么想学汉语？
Why do "I" want to learn Chinese?

02

我觉得很奇怪。我一接触中国文化，就有一种很愉快的感觉，这是我从来没有经历过的。

一切都是从那天开始的。那天，我爸爸看了一个功夫电影，于是他就喜欢上了中国功夫。也就在那天，他带我和我姐姐一起去一个功夫学校报了名。从此，我就深深爱上了功夫、汉语，以及关于中国的一切。

我从小就很喜欢东方的艺术、文化，当我发现可以在孔子学院[1]学汉语的时候，我很高兴。因为学了汉语我就可以学好功夫和我喜欢的针灸[2]。我对中国有很深的感情，我想说流利的汉语，想学好功夫，也想知道针灸的秘密。如果有一天我能去中国

1. 孔子学院 Kǒngzǐ Xuéyuàn p.n. Confucius Institute

2. 针灸 zhēnjiǔ n. acupuncture

学习，我会很珍惜，因为这对我来说是一种荣誉[3]。

当然，和所有国家一样，中国并不完美，但即使是这样，我也很想了解中国，了解她的人民[4]、她的历史和她的秘密。

3. 荣誉 róngyù n. honor

4. 人民 rénmín n. people

练习 Exercises

一、选出正确答案。Choose the right answer.

“我”一__1__中国文化，就有一种很愉快的__2__，这是“我”从来没有__3__过的。“我”想说__4__的汉语，想学好功夫，也想知道针灸的__5__。

1. A. 接近　B. 接触　C. 接待　D. 靠近
2. A. 感受　B. 感动　C. 感情　D. 感觉
3. A. 经历　B. 经验　C. 体会　D. 知道
4. A. 流利　B. 流动　C. 顺利　D. 顺便
5. A. 神秘　B. 秘密　C. 意义　D. 内容

二、选出正确答案。Choose the right answer.

1. “我”爸爸看了一个什么电影？（　　）
   A. 历史电影　B. 功夫电影
   C. 爱情电影　D. 战争电影
2. 从什么时候开始，“我”深深爱上了中国的一切？（　　）
   A. 出生那天　B. 去功夫学校报名那天
   C. 到中国那天　D. 看战争电影那天

3.“我”为什么想学好汉语？（ ）

A.“我”想去中国　　B.“我”爸爸喜欢中国

C.“我”要考试　　D.“我”想学好功夫和针灸

4. 如果有机会去中国，“我”会怎么样？（ ）

A. 很珍惜　　B. 和爸爸一起去

C. 开始学汉语　　D. 开始学功夫

5. 下面哪项说法不正确？（ ）

A.“我”觉得中国很完美

B.“我”想了解中国历史

C.“我”想了解中国人

D.“我”想去中国

三、说说你是怎么开始学汉语的。
Talk about how you started to learn Chinese.

格鲁吉亚[1]学生的假期[2]

Vacations of Students in Georgia

Ana Goguadze　格鲁吉亚第比利斯自由大学孔子学院

格鲁吉亚的学生暑假有多长？
How long is the summer vacation of students in Georgia?

03

有句话说得好：要想获得成功，就得学会好好休息。

格鲁吉亚学生一年有两个假期：寒假和暑假。寒假时间比较短，暑假时间比较长。

虽然格鲁吉亚不大，但是度假[3]的地方还是很难选择。寒假的时候，人们喜欢去滑雪[4]。有的人喜欢在那儿过年，在暖和的房间里跟朋友或家人坐在圣诞树[5]旁聊天，非常热闹；同时外面下

1. 格鲁吉亚 Gélǔjíyà p.n. Georgia (country)
2. 假期 jiàqī n. vacation
3. 度假 dùjià v. to spend a vacation
4. 滑雪 huáxuě v. to ski
5. 圣诞树 shèngdànshù n. Christmas tree

着雪，又很安静。格鲁吉亚学生的暑假有整整三个月，这三个月就像是送给格鲁吉亚学生的礼物。暑假时候大家喜欢到山上、海边去放松自己，如果在农村有亲戚，就去农村，这是一种传统习惯。

学生们在连续几个月的学习后，远离城市的污染和压力，呼吸着新鲜的空气，享受着自己的假期，感觉太幸福了。其实，休息不代表浪费时间，而是享受生活，让自己重新充满力量。

练习 Exercises

一、选出正确答案。Choose the right answer.

__1__ 的时候，人们喜欢去滑雪，在 __2__ 的房间里跟朋友或家人坐在圣诞树旁聊天；暑假的时候，大家喜欢到山上、海边去 __3__ 自己，__4__ 在农村有亲戚，就去农村度假，这是一种传统 __5__ 。

1. A. 寒假　B. 暑假　C. 春天　D. 夏天
2. A. 温度　B. 寒冷　C. 湿润　D. 暖和
3. A. 轻松　B. 放松　C. 缓解　D. 安静
4. A. 可是　B. 因为　C. 如果　D. 虽然
5. A. 习惯　B. 文化　C. 做法　D. 事情

二、选出正确答案。Choose the right answer.

1. 寒假的时候，人们喜欢做什么？（　　）

   A. 睡觉　B. 爬山　C. 滑雪　D. 游泳

2. 哪个假期时间比较长？（　　）

   A. 暑假　B. 寒假　C. 一样长　D. 不知道

3. 下面哪项不是暑假人们常去的地方？（　　）

   A. 山上　B. 海边　C. 城市　D. 农村

4. 大家去农村做什么？（　　）

A. 工作　　　　B. 度假

C. 请亲戚来城里玩　　　　D. 种地

5. 下面哪项不是度假的好处？（　　）

A. 远离污染和压力　　　　B. 放松自己

C. 重新充满力量　　　　D. 浪费时间

三、说说你怎样过暑假。

Talk about how you spend your summer vacation.

德国[1]的教育

Education in Germany

Kothe, Anna-Katharina（姜宇馨） 德国法兰克福大学孔子学院

本文认为所有教育的共同理想是什么？
What is the common ideal in education according to this article?

04

教育在所有国家都是很重要的问题，对于怎么教孩子，各国都有很多不同的看法。而且不同的国家历史和文化不同，习惯也不一样，家庭教育和学校教育之间也有很大的区别。不过，所有的教育都有一个共同的理想：培养出好学生。

在德国每个六岁的孩子都要先上四年的小学，然后他们有几个选择：可以上四年的普通

1. 德国 Déguó p.n. Germany

学校，也可以上六年的专科[2]学校，或者上八年的高级文理[3]中学。普通学校毕业的学生工作机会很少，因为他们的资格往往不够；专科学校的学生，毕业之后通常会参加各种培训，然后马上开始工作；在学校学习最久的学生就是高级文理中学的学生，他们毕业后会参加高考[4]，其中百分之八十的学生会去大学继续学习。德国有一些非常好、非常有名的大学，不过想上好的大学不容易，高考的分数[5]要很高，还需要通过一些能力测验。

德国的高考跟中国的差不多，但是也有人说中国的高考压力更大。在中国，人很多，竞争

2. 专科 zhuānkē n. junior college, vocational school

3. 文理 wénlǐ n. liberal arts and sciences

4. 高考 gāokǎo n. college entrance exam

5. 分数 fēnshù n. score

压力很大，学生要考得非常好，才有机会上好大学，才能找到好工作。在德国，即使高考分数不高，也还有别的机会，也可能找到好工作或成为成功的人。虽然我听到很多中国人批评中国的教育，特别是学生们抱怨作业太多，可我觉得中国的教育也有好的方面。学生们经过高考之后，能适应各种情况下的工作或学习，不管压力有多大。德国的学生虽然没有高考的烦恼，但是他们刚开始工作时常常不知道怎么处理压力和紧张的情绪。

不同的国家有不同的教育方法。我觉得每个国家的教育方法都有好的也有不好的地方，国家想进步，就要看到自己的缺点和别国的优点，互相学习。这样人类才能进步。

练习 Exercises

一、选出正确答案。Choose the right answer.

教育在所有国家都是很重要的问题，__1__ 怎么教孩子，各国都有很多不同的 __2__ 。而且不同国家的 __3__ 也不同。"我"觉得每个国家的教育方法都有好的也有不好的地方，国家想进步，就要 __4__ 学习，这样人类才能 __5__ 。

1. A. 对于	B. 对	C. 有关	D. 甚至
2. A. 想法	B. 看法	C. 辩论	D. 表达
3. A. 事情	B. 东西	C. 常识	D. 情况
4. A. 互相	B. 相关	C. 相同	D. 共同
5. A. 前进	B. 促进	C. 改善	D. 进步

二、选出正确答案。Choose the right answer.

1. 下面哪项不是德国学生小学毕业后的选择？（　　）
   A. 普通学校　　B. 专科学校
   C. 高级文理中学　　D. 著名大学
2. 普通学校毕业的学生毕业后会怎么样？（　　）
   A. 找不到工作　　B. 工作机会很少
   C. 继续读书　　D. 出国学习

3. 专科学校的学生毕业后会怎么样？（　　）

A. 参加培训　　B. 找不到工作

C. 出国留学　　D. 上大学

4. 高级文理中学的学生毕业后会怎么样？（　　）

A. 参加高考　　B. 出国留学

C. 直接工作　　D. 参加培训

5. “我”觉得中国的教育有什么好的方面？（　　）

A. 有机会成功　　B. 学生都很聪明

C. 学生得到锻炼　　D. 学生都很优秀

三、介绍一下你们国家的教育制度分几个阶段。

Introduce how many phases the education system of your country is divided into.

轻而易举[1]学汉字[2]

To Learn Chinese Characters Easily

Nicolas Ceryak（严尼肯） 美国印第安纳波利斯孔子学院

"我"觉得汉字像什么？
What do Chinese characters look like in "my" opinion?

05

我经常听到有人说，汉字太难学了，但是如果你像我一样，学了一段时间汉语，了解了一些汉字知识之后，你就会发现学汉字真的太容易了。

我学汉字的时候，我的老师先教会我很多汉字偏旁[3]。慢慢地，看到一个字的偏旁，我就已经猜到这个字的意思或发音[4]了。比如，如果你知道"日"和"月"的意思，你就可以猜出"明"(日＋月）是"亮"的意思，

1. 轻而易举 qīng'éryìjǔ easily
2. 汉字 Hànzì p.n. Chinese character
3. 偏旁 piānpáng n. radical
4. 发音 fāyīn n. pronunciation

因为太阳（日）和月亮（月）都很亮，加在一起就更亮了。很有趣吧！

学了几年汉语，我觉得学汉字真的不难，因为一个个汉字就像一幅幅画。比如，“山”字看着真的像一座山，“木”就真的像一棵树。几乎所有跟山有关系的汉字都有山这个偏旁，几乎所有跟木有关的汉字都有木这个偏旁。更有趣的是，如果你知道了木的意思，你就知道两个木（林）、三个木（森）的意思是森林了。

很多人告诉我，汉语有太多的同音词[5]，但是如果你把这些同音词用在一个句子里面，你

5. 同音词 tóngyīncí n. homophone

就会明白它们的意思了。比如，你累了，你要睡觉；你饿了，你要吃水饺[6]。如果你用得不对，你就要在饭店里吃一碗“睡觉”了。

我相信，只要用心[7]，你就会跟我一样，发现汉字很有趣，学汉字就会变得轻而易举。

6. 水饺 shuǐjiǎo n. dumpling

7. 用心 yòngxīn adj. attentive, conscientious

练习 Exercises

一、选出正确答案。Choose the right answer.

“我”__1__听到有人说，汉字太难学了，但是如果你像“我”一样，了解了一些汉字__2__之后，你就会发现学汉字真的太__3__了。“我”学汉字的时候，“我”的老师先教会“我”很多汉字偏旁，慢慢地，看到一个字的偏旁，“我”就已经__4__到这个字的__5__或发音了。

1. A. 随时　B. 经常　C. 时刻　D. 平常
2. A. 知识　B. 文明　C. 材料　D. 资源
3. A. 轻易　B. 值得　C. 容易　D. 简化
4. A. 猜　B. 发现　C. 想出　D. 想象
5. A. 内容　B. 意思　C. 文化　D. 字形

二、选出正确答案。Choose the right answer.

1. “我”经常听别人说汉字怎么样？（　　）
   A. 难看　B. 好看　C. 很好学　D. 太难学

2. 为什么“明”是“亮”的意思？（　　）

A. “日”代表太阳，“月”代表月亮

B. 国家规定的

C. 大家都这样认为

D. 老师教的

3. “我”建议怎么学汉语里的同音词？（　　）

A. 尽量不用　　B. 多读多记

C. 多写　　D. 放在一个句子里学

4. 根据这篇文章，“浮”字的意思可能和什么有关？（　　）

A. 山　　B. 水　　C. 草木　　D. 人

5. 根据这篇文章，“枫”字的意思和什么有关？（　　）

A. 山　　B. 水　　C. 树木　　D. 人

三、说说你学汉语的好办法。

Talk about the good ways of yours to learn Chinese.

斋僧[1]

Serving Food to Monks

玉莲　泰国合艾国光中学孔子课堂

在泰国，每天早上人们会送给僧人什么？
What do people give to monks every morning in Thailand?

06

在泰国[2]，大部分人都信奉[3]佛教[4]，“斋僧”是泰国的一种传统。每天早上，人们把做好的饭菜送给僧人们，这个时候僧人们就会为人们祈福[5]。人们斋僧是为去世的亲人[6]们祈福，也是为自己，因为斋僧可以让自己心情愉快。

斋僧每天都可以做，每个人都能做，是一种简单的做好事的方式。每天早上，我的妈妈都会

1. 斋僧 zhāi sēng to serve food to monks
   僧 sēng n. Buddhist monk
2. 泰国 Tàiguó p.n. Thailand
3. 信奉 xìnfèng v. to believe in
4. 佛教 Fójiào p.n. Buddhism
5. 祈福 qí fú to pray
6. 亲人 qīnrén n. family member

很早起床，花上一个小时认真地准备好吃的饭菜。在送我去学校的路上，妈妈会把这些好吃的饭菜送给僧人们，还会向他们行合十礼[7]。在路上，可以看到很多人拿着准备好的饭菜，有老人，也有小孩。每次斋僧之后，我都会觉得心情愉快，而且一天都觉得很幸福。

斋僧是一种很简单的、每个

7. 合十礼 héshílǐ n. salute with putting palms together

人都能做到的善举[8]。我很喜欢这个传统，所有信奉佛教的泰国人都很喜欢，希望这种传统能永远保持下去。

8. 善举 shànjǔ n. philanthropic act

练习 Exercises

一、选出正确答案。Choose the right answer.

在泰国，大__1__人都信奉佛教，"斋僧"是泰国的一种传统。每天早上，人们把做好的饭菜__2__给僧人们，斋僧是为__3__的亲人们祈福，也是为自己，因为斋僧可以让自己__4__愉快。__5__这种传统能永远地保持下去。

1. A. 成分　B. 部分　C. 半　D. 部
2. A. 送　B. 递　C. 还　D. 传
3. A. 去世　B. 不在　C. 过去　D. 从前
4. A. 感情　B. 情绪　C. 心理　D. 心情
5. A. 盼望　B. 愿望　C. 期待　D. 希望

二、选出正确答案。Choose the right answer.

1. 人们为什么要斋僧？（　　）
   A. 学校要求　B. 家庭需求
   C. 为自己和家人祈福　D. 国家规定

2. 为什么说斋僧是一种简单的善举？（　　）

A. 做的饭很少

B. 每个人、每天都可以做

C. 随时都可以做

D. 不需要花钱

3. 妈妈会花多长时间准备斋僧的饭菜？（　　）

A. 一个小时　　B. 两个小时

C. 半个小时　　D. 一上午

4. 每天什么时候斋僧？（　　）

A. 早上　　B. 中午　　C. 晚上　　D. 放学路上

5. 关于斋僧，下面哪项说法不正确？（　　）

A. 让“我”心情愉快

B. 可以为去世的亲人祈福

C. 每天都可以做

D. 可以为僧人祈福

三、说说你们国家的一项传统。

Talk about one of the traditions in your country.

我眼中的中国

China in My Eyes

Jaclyn Batchelor 美国西肯塔基大学孔子学院

一提到中国，“我”会想到哪五个词？
Which five words would come into “my” mind when mentioning China?

07

中文课给了我一个了解中国的机会，一提起中国，我就会想到关于中国的五个词。

C代表烹饪[1]（Cook），中国人做出了世界上最好吃的食物，中国菜是我最喜欢的菜。中国菜不仅种类多、味道好，营养也丰富。

H代表历史（History），中国是一个历史悠久的国家，有着五千年的历史。中国的长城很有名，在古代的中国，长城可以保

1. 烹饪 pēngrèn v. to cook

护国家，现在它成了每个到北京旅游的人都要去的地方。

I 代表智慧（Intelligence），古代的中国有“四大发明”，是当时世界上最先进[2]的技术。今天的中国人，也用智慧让人们生活更方便，生活水平越来越高。

N 代表新鲜（New），中国的经济正在高速发展，中国人为了自己的理想努力工作着。我相信中国将来会以新的面貌[3]，出现在世界面前[4]。

A 代表魅力（Attractive），中国有着几千年的文化，吸引着越来越多对中国文化感兴趣的人来到中国，见证[5]中国的文化魅力。

2. 先进 xiānjìn adj. advanced

3. 面貌 miànmào n. appearance

4. 面前 miànqián n. in front of

5. 见证 jiànzhèng v. to witness

中文课带给我的不仅是知识，更是一种来自地球另一面的新鲜文化。我非常庆幸[6]能有这个机会了解中国丰富的美食、悠久的历史，了解中国人的智慧和勤劳[7]。

6. 庆幸 qìngxìng v. to feel lucky

7. 勤劳 qínláo adj. diligent

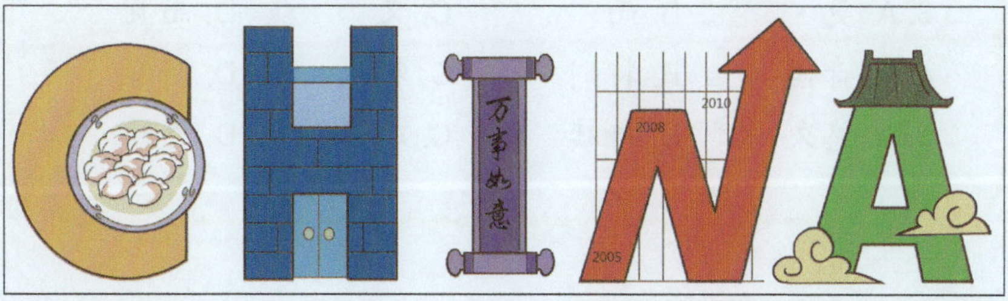

练习 Exercises

一、选出正确答案。Choose the right answer.

中文课给了“我”一个__1__中国的机会，“我”学到的__2__是知识，__3__是一种来自地球另一面的__4__文化。“我”很庆幸能有机会了解中国丰富的美食、__5__的历史，了解中国人民的智慧和勤劳。

1. A. 理解	B. 明白	C. 知道	D. 了解
2. A. 不但	B. 不仅	C. 不足	D. 不过
3. A. 更	B. 而	C. 又	D. 而且
4. A. 奇怪	B. 特别	C. 特色	D. 新鲜
5. A. 悠久	B. 持续	C. 延长	D. 连续

二、选出正确答案。Choose the right answer.

1. “C”代表什么？（　　）

   A. 烹饪　　B. 悠久的历史

   C. 中国人的智慧　　D. 高速的发展

2. “H”代表什么？（　　）

   A. 烹饪　　B. 悠久的历史

   C. 中国人的智慧　　D. 高速的发展

3. “I” 代表什么？（　　）

A. 烹饪　　B. 悠久的历史

C. 中国人的智慧　　D. 高速的发展

4. “N” 代表什么？（　　）

A. 烹饪　　B. 悠久的历史

C. 中国人的智慧　　D. 高速的发展

5. “A” 代表什么？（　　）

A. 烹饪　　B. 悠久的历史

C. 中国人的智慧　　D. 文化魅力

三、说说你眼中的中国。

Talk about the China in your eyes.

感恩节[1]游行[2]

Thanksgiving Day Parade

Maya Weiss　美国波特兰州立大学孔子学院

游行时，“我”扮成了什么？
What did “I” dress up as during the parade?

08

感恩节后的第一个周末，波特兰人[3]都会去看感恩节游行。经常能听到爸爸、妈妈对身边的孩子说：“我小的时候也来参加过这个游行。”没有人因为看过了去年的游行，就觉得今年的没意思了。人们把椅子放在路边，等着游行开始。有的人带着茶和饮料，还有人带着吃的东西。戴帽子的小孩跑来跑去，兴奋地等着游行开始。突然，音乐开始

1. 感恩节 Gǎn'ēn Jié p.n. Thanksgiving Day
2. 游行 yóuxíng v. to parade
3. 波特兰人 bōtèlánrén n. Portlander, people of Portland

了！大家欢呼雀跃[4]，人人都很高兴。

去年我和朋友参加了感恩节游行。那是我第一次参加游行，所以我非常兴奋。我们的彩车[5]是一辆大马车，前面有两匹漂亮的白马，像动画片里的一样。我们有的穿着红衣服和白裤子——扮[6]军人[7]，有的穿着红裙子——扮仙女[8]，我们几个小孩子扮老鼠。老鼠服是咖啡色的，有大大的耳朵、黑黑的小鼻子和长长的尾巴。

游行开始了，“仙女”和两只“老鼠”坐在马车里。我和另外一只“老鼠”走在马车的旁边。我们一边走一边对人们微

4. 欢呼雀跃 huānhū-quèyuè to jump for joy

5. 彩车 cǎichē n. float

6. 扮 bàn v. to dress up as

7. 军人 jūnrén n. soldier

8. 仙女 xiānnǚ n. fairy maiden

笑。人群里有很多小孩子，他们一看到我们的马车就笑了起来。我听到一个小孩子说：“啊，真好看！”有人喜欢我们的表演，我开心极了，我永远也忘不了这一刻。

那时候我才发现，感恩节游行对波特兰人来说是多么重要啊。

练习 Exercises

一、选出正确答案。Choose the right answer.

感恩节游行对波特兰人来说是非常__1__的，几乎每个波特兰人都__2__过游行。人们把椅子放在路边，等着游行开始。有的人带着茶和饮料，还有人带着吃的东西。戴__3__的小孩跑来跑去，__4__地等着游行开始。今年"我"也参加了游行，有人喜欢"我"的__5__，"我"很开心。

1. A. 重要　B. 重视　C. 魅力　D. 深刻
2. A. 体会　B. 参加　C. 进行　D. 经历
3. A. 衣服　B. 帽子　C. 裤子　D. 裙子
4. A. 强烈　B. 陆续　C. 勤劳　D. 兴奋
5. A. 表现　B. 样子　C. 表演　D. 节目

二、选出正确答案。Choose the right answer.

1. 去年是"我"第几次参加感恩节游行？（　）
   A. 第一次　B. 第二次　C. 第三次　D. 第四次
2. "军人"穿什么颜色的裤子？（　）
   A. 白色　B. 黑色　C. 红色　D. 蓝色
3. 谁穿着红裙子？（　）
   A. 军人　B. 老鼠　C. 白马　D. 仙女

4.“我”扮成了什么？（　　）

A. 军人　　B. 老鼠　　C. 白马　　D. 仙女

5. 一共有几只“老鼠”？（　　）

A. 一只　　B. 两只　　C. 三只　　D. 四只

三、介绍你们国家的一个重要节日。

Introduce an important festival in your country.

韩国[1]学生的生活

Life of South Korean Students

崔智雄　韩国全北华山中学孔子课堂

韩国男生一般什么时候服兵役？
When do South Korean boys usually go to serve in the army?

09

韩国的学生从小学[2]开始就很忙，每天从早上八点五十到下午两点在学校上课，下课以后还要去学习班学习汉语、钢琴等等。有的学生一天要去几个学习班，每天很晚才能回家。不过韩国的小学生不用穿校服[3]，他们可以穿自己喜欢的衣服去学校。在小学里可以看见很多学生烫头发、染[4]头发，还有学生戴耳环呢。

初中[5]学生下课后会在学校里上补习课[6]，因为只有成绩好，

1. 韩国 Hánguó p.n. South Korea
2. 小学 xiǎoxué n. primary school
3. 校服 xiàofú n. school uniform
4. 染 rǎn v. to dye
5. 初中 chūzhōng n. junior high school
6. 补习课 bǔxí kè tutorial lesson

才能去好的高中[7]。但是也会有学生放弃高中和大学[8]的学习。

韩国的男生上大学以后，都要面对一个问题，那就是去服兵役[9]。一般的学生会在大学三年级的时候服两年兵役，然后再回到学校学习。这是韩国男人一定要做的事情。

7. 高中 gāozhōng n. senior high school

8. 大学 dàxué n. university

9. 服兵役 fú bīngyì to serve in the army

为了更好的未来，韩国的学生每天都在努力学习，上各种各样[10]的学习班，没有多少时间玩。我明年就要上高中了，为了能去好大学，我也在努力呢。

10. 各种各样
gèzhǒng-gèyàng
various

练习 Exercises

一、选出正确答案。Choose the right answer.

小学生下课后要学习汉语、钢琴等等。__1__他们不用穿校服，还可以__2__耳环。初中学生要上补习课，因为__3__成绩好，才能去好的高中。不过也会有人__4__高中和大学的学习。韩国男生上大学后，都要__5__一个问题——服兵役。

1. A. 不过　B. 而且　C. 还是　D. 既然
2. A. 穿　B. 戴　C. 带　D. 挂
3. A. 只能　B. 只　C. 仅　D. 只有
4. A. 放弃　B. 放松　C. 离开　D. 舍得
5. A. 选择　B. 面对　C. 处理　D. 解决

二、选出正确答案。Choose the right answer.

1. 下面哪项韩国小学生不能做？（　　）
   A. 烫头发　B. 戴耳环　C. 染头发　D. 服兵役
2. 中学生为什么要上补习课？（　　）
   A. 为了取得好成绩　B. 学生们喜欢学习
   C. 父母的要求　D. 学校的规定

3. 韩国的男生上大学以后，都要面对一个什么问题？（　　）

A. 考研究生　　B. 工作

C. 结婚　　D. 服兵役

4. 一般学生会在什么时候服兵役？（　　）

A. 大学一年级　　B. 大学二年级

C. 大学三年级　　D. 大学四年级

5. “我”现在在上什么学校？（　　）

A. 小学　　B. 初中　　C. 高中　　D. 大学

三、说说你的学校对学生有哪些要求或规定。

Talk about the requirements and regulations for students in your school.

波兰[1]欢迎你

Poland Welcomes You

Julia Weronika Bednarz（茱丽亚） 波兰克拉科夫孔子学院

复活节我们吃的最多的是什么？
What do "we" eat most at Easter?

10

今天我要向大家介绍几个波兰的传统节日和传统习俗，希望大家能多了解一些我们的文化。

首先是圣诞节[2]。圣诞节这天，我们会在桌子上摆十二个菜，鱼是一定要有的，通常还会有甜菜汤[3]和李子汁[4]，当然还要有精心[5]装饰的圣诞树。万圣节[6]的时候，我们会去墓地[7]，点上蜡烛[8]，放一些鲜花，为家人祈福[9]。到了复活节[10]，我们也会

1. 波兰 Bōlán p.n. Poland
2. 圣诞节 Shèngdàn Jié p.n. Christmas
3. 甜菜汤 tiáncàitāng n. borsch
4. 李子汁 lǐzizhī n. plum juice
5. 精心 jīngxīn adj. elaborate, meticulous
6. 万圣节 Wànshèngjié p.n. All Saints' Day
7. 墓地 mùdì n. graveyard
8. 蜡烛 làzhú n. candle
9. 祈福 qí fú to pray
10. 复活节 Fùhuó Jié p.n. Easter

吃一些特殊的东西，但是吃的最多的还是蛋糕。波兰最有名的蛋糕，是用坚果[11]做成的，我们把它叫作“玛祖卡[12]”。另外，大家还会喝一些汤，汤里边会放些香肠、鸡蛋。有意思的是，我们会装饰鸡蛋——在鸡蛋上画上颜色，再贴上彩纸[13]。

在波兰，不同地方的人有不同的传统。住在扎科帕内[14]山里的人们，就有很多特殊的传统，比如结婚的那一天，男人会骑着马来到女孩子的父母家，诚恳地请求他们同意把女孩子嫁给他。当然了，父母们一般都会同意的。婚礼在教堂[15]举行，这是最重要的部分。最后，他们会回到

11. 坚果 jiānguǒ n. nut

12. 玛祖卡 mǎzǔkǎ n. mazurek

13. 彩纸 cǎizhǐ n. colored paper

14. 扎科帕内 Zhākēpànèi p.n. Zakopane, a town in Poland

15. 教堂 jiàotáng n. church

家里，邀请客人来参加宴会，大家一起喝酒、跳舞庆祝这个美好[16]的时刻。

这些只是波兰传统文化的一小部分，希望能有越来越多的人了解波兰，喜欢波兰的传统文化。欢迎大家来波兰！

16. 美好 měihǎo adj. wonderful

练习 Exercises

一、选出正确答案。Choose the right answer.

今天“我”要向大家__1__波兰的传统__2__。圣诞节有很多好吃的，还有精心__3__的圣诞树。万圣节我们会去墓地，放上一些鲜花，__4__家人祈福。复活节我们会在鸡蛋上画上颜色，再__5__上彩纸。

1. A. 介绍　B. 宣布　C. 叙述　D. 说明
2. A. 节目　B. 节日　C. 文化　D. 习惯
3. A. 打扮　B. 装饰　C. 装修　D. 制造
4. A. 和　B. 与　C. 对　D. 为
5. A. 贴　B. 粘　C. 装　D. 安

二、选出正确答案。Choose the right answer.

1. 下面那项不是“我”介绍的传统节日？（　　）
   A. 万圣节　B. 春节　C. 复活节　D. 圣诞节
2. 下面哪项不是我们万圣节的时候会做的事情？（　　）
   A. 装饰鸡蛋　B. 去墓地
   C. 点蜡烛　D. 为家人祈福
3. 圣诞节的时候，我们一定会吃什么？（　　）
   A. 鸡蛋　B. 香肠　C. 蛋糕　D. 鱼

4. 下面哪项不是住在扎科帕内山里的人们结婚时做的事情？（　　）

A. 骑马到女孩子家　　B. 在教堂办婚礼

C. 装饰鸡蛋　　D. 举行宴会

5. 在扎科帕内，结婚最重要的部分是什么？（　　）

A. 求婚　　B. 教堂婚礼

C. 装饰鸡蛋　　D. 举行宴会

三、介绍一下你们国家结婚时的风俗习惯。
Introduce the marriage customs in your country.